Cotidianas
(1978-1979)

Mario Benedetti

Cotidianas
(1978-1979)

ALFAGUARA BOLSILLO

COTIDIANAS (1978-1979)
D.R. © Mario Benedetti, 1998

ALFAGUARA M.R.

De esta edición:
D.R. © Aguilar, Altea, Taurus, Alfaguara, S.A. de C.V. 1998
Según contrato Biblioteca Mario Benedetti, firmado para su
Colección de Bolsillo.
Av. Universidad 767, Col. del Valle
México, D.F. 03100, Teléfono (5) 688 8966
www.alfaguara.com.mx

- Distribuidora y Editora Aguilar, Altea,Taurus, Alfaguara, S.A.
  Calle 80 No. 10-23. Santafé de Bogotá-Colombia.
  Tel: 635 12 00
- Santillana S.A.
  Torrelaguna 60-28043. Madrid
- Santillana S.A., Av. San Felipe 731, Lima.
- Editorial Santillana S.A.
  Av. Rómulo Gallegos, Edif. Zulia 1er. piso
  Boleita Nte. Caracas 1071. Venezuela.
- Editorial Santillana Inc.
  P.O. Box 5462, Hato Rey, Puerto Rico, 00919.
- Santillana Publishing Company Inc.
  2043 N. W. 87th Avenue Miami, Fl., 33172. USA.
- Ediciones Santillana S.A. (ROU)
  Javier de Viana 2350, Montevideo 11200. Uruguay.
- Aguilar, Altea, Taurus, Alfaguara, S.A.
  Beazley 3860, 1437. Buenos Aires.
- Aguilar Chilena de Ediciones Ltda.
  Dr. Aníbal Aristía 1444, Providencia Santiago de Chile.
  Tel: 600 731 10 03.
- Santillana de Costa Rica, S.A.
  Apdo. Postal 878-1150, San José 1671-2050, Costa Rica.

Primera edición en Alfaguara: noviembre de 1999

ISBN: 968-19-0582-2

D.R.© Diseño de cubierta: Pablo Rulfo. Stega Diseño.

Impreso en México

Índice

COTIDIANAS
(1978-1979)

*Sin jactancias puedo decir
que la vida es lo mejor que conozco.*

Francisco Urondo

PIEDRITAS EN LA VENTANA

Nocturno cero

La noche fácil y aparentemente sagrada
o mejor dicho el abismo de la noche
no es como otros abismos
tiene fondo

su tálamo de niebla o relente o fango
acoge escarabajos desamparados
ronquidos de mal tiempo
sobornables insomnios
labios absueltos que se reconcilian

todas las resonancias del silencio
y las noticias de la lóbrega
todas las alegrías inoportunas
y los presagios confirmados
caen como gotas de sudor o rocío
en el abismo con fondo de la noche

son demasiados alumbrones y furias

por esta sola vez el abismo tiene
no sólo fondo sino espesas modorras
así que aprovecho el bostezo universal
para instalarme en sus fauces y sentir
cómo la niebla el relente o el fango
pasan sobre mis párpados
los borran.

Piedritas en la ventana

a roberto y adelaida

De vez en cuando la alegría
tira piedritas contra mi ventana
quiere avisarme que está ahí esperando
pero hoy me siento calmo
casi diría ecuánime
voy a guardar la angustia en su escondite
y luego a tenderme cara al techo
que es una posición gallarda y cómoda
para filtrar noticias y creerlas

quién sabe dónde quedan mis próximas huellas
ni cuándo mi historia va a ser computada
quién sabe qué consejos voy a inventar aún
y qué atajo hallaré para no seguirlos

está bien no jugaré al desahucio
no tatuaré el recuerdo con olvidos
mucho queda por decir y callar
y también quedan uvas para llenar la boca

está bien me doy por persuadido
que la alegría no tire más piedritas
abriré la ventana
abriré la ventana.

Otro cielo

la stramezza di un cielo che non é il tuo.
CESARE PAVESE

No existe esponja para lavar el cielo
pero aunque pudieras enjabonarlo
y luego echarle baldes y baldes de mar
y colgarlo al sol para que se seque
siempre te faltaría un pájaro en silencio
no existen métodos para tocar el cielo
pero aunque te estiraras como una palma
y lograras rozarlo en tus delirios
y supieras por fin cómo es al tacto
siempre te faltaría la nube de algodón

no existe un puente para cruzar el cielo
pero aunque consiguieras llegar a la otra orilla
a fuerza de memoria y de pronósticos
y comprobaras que no es tan difícil
siempre te faltaría el pino del crepúsculo

eso porque se trata de un cielo que no es tuyo
aunque sea impetuoso y desgarrado
en cambio cuando llegues al que te pertenece
no lo querrás lavar ni tocar ni cruzar
pero estarán el pájaro y la nube y el pino.

Esa batalla

¿Cómo compaginar
la aniquiladora
idea de la muerte
con este incontenible
afán de vida?

¿cómo acoplar el horror
ante la nada que vendrá
con la invasora alegría
del amor provisional
y verdadero?

¿cómo desactivar la lápida
con el sembradío?
¿la guadaña
con el clavel?

¿será que el hombre es eso?
¿esa batalla?

Grillo constante

Mientras aquí en la noche sin percances
pienso en mis ruinas   bajo a mis infiernos
inmóvil en su dulce anonimato
el grillo canta nuevas certidumbres

mientras hago balance de mis yugos
y una muerte cercana me involucra
en algún mágico rincón de sombras
canta el grillo durable y clandestino

mientras distingo en sueños los amores
y los odios proclamo ya despierto
implacable rompiente soberano
el grillo canta en nombre de los grillos

la ansiedad de saber o de ignorar
flamea en la penumbra y me concierne
pero no importa   desde su centímetro
tenaz como un obrero canta el grillo.

Los lugares comunes

Con dos miradas
miro
dos paisajes

aquí el fragor labrado
surco a surco
allá los pastoreos
coloniales

aquí los mangos
de oro y sol
allá los duraznos
de felpa
aquí los flamboyanes
persuasivos
allá los pinos
de la niebla

aquí la tarde llueve
como un rito
allá manda
el pampero

por separado son
los lugares comunes
del paisaje

pero si están contiguos
en mi doble mirada

25

son lugares
más bien
extraordinarios.

Estado de excepción

Una ensenada sólo vista en postales
una región perpleja del recuerdo
una fruta escasísima y sabrosa
un suburbio que ya no se frecuenta
una paloma absorta en los pretiles
un andante para cigarra y piano
una puesta de sol sin helicópteros
una humareda en algún campo lejos
transparencias después del aguacero

hechuras y siluetas
probablemente arcaicas
de la tranquilidad
ese diáfano estado de excepción
al que nos vamos
desacostumbrando.

De árbol a árbol

a ambrosio y silvia

Los árboles
¿serán acaso solidarios?

¿digamos el castaño de los campos elíseos
con el quebracho de entre ríos
o los olivos de jaén
con los sauces de tacuarembó?

¿le avisará la encina de westfalia
al flaco alerce del tirol
que administre mejor su trementina?

y el caucho de pará
o el baobab en las márgenes del cuanza
¿provocarán al fin la verde angustia
de aquel ciprés de la *mission* dolores
que cabeceaba en frisco
california?

¿se sentirá el ombú en su pampa de rocío
casi un hermano de la ceiba antillana?

los de este parque o aquella floresta
¿se dirán copa a copa que el muérdago
otrora tan sagrado entre los galos
ahora es apenas un parásito
con chupadores corticales?

29

¿sabrán los cedros del líbano
y los caobos de corinto
que sus voraces enemigos
no son la palma de camagüey
ni el eucalipto de tasmania
sino el hacha tenaz del leñador
la sierra de las grandes madereras
el rayo como látigo en la noche?

Cotidiana 1

La vida cotidiana es un instante
de otro instante que es la vida total del hombre
pero a su vez cuántos instantes no ha de tener
ese instante del instante mayor

cada hoja verde se mueve en el sol
como si perdurar fuera su inefable destino
cada gorrión avanza a saltos no previstos
como burlándose del tiempo y del espacio
cada hombre se abraza a alguna mujer
como si así aferrara la eternidad

en realidad todas estas pertinacias
son modestos exorcismos contra la muerte
batallas perdidas con ritmo de victoria
reos obstinados que se niegan
a notificarse de su injusta condena
vivientes que se hacen los distraídos

la vida cotidiana es también una suma de instantes
algo así como partículas de polvo
que seguirán cayendo en un abismo
y sin embargo cada instante
o sea cada partícula de polvo
es también un copioso universo

con crepúsculos y catedrales y campos de cultivo
y multitudes y cópulas y desembarcos
y borrachos y mártires y colinas
y vale la pena cualquier sacrificio

31

para que ese abrir y cerrar de ojos
abarque por fin el instante universo
con una mirada que no se avergüence
de su reveladora
efímera
insustituible
       luz.

SOY UN CASO PERDIDO

De lo prohibido

Prohibidos los silencios y los gritos unánimes
las minifaldas y los sindicatos
artigas y gardel
la oreja en radio habana
el pelo largo la condena corta
josé pedro varela y la vía láctea
la corrupción venial el pantalón vaquero
los perros vagos y los vagabundos
también los abogados defensores
que sobrevivan a sus defendidos
y los pocos fiscales con principio de angustia
prohibida sin perdón la ineficacia
todo ha de ser eficaz como un cepo
prohibida la lealtad y sobre todo la tristeza
esa que va de sol a sol
y claro la inquietante primavera
prohibidas las reuniones
de más de una persona
excepto las del lecho conyugal
siempre y cuando hayan sido
previa y debidamente autorizadas
prohibidos el murmullo de las tripas
el padrenuestro y la internacional
el bajo costo de la vida y la muerte
las palabritas y las palabrotas
los estruendos molestos el jilguero los zurdos
los anticonceptivos pero quién va a nacer

Los héroes

Resido en una región donde los héroes
suelen morir de lumbre y osadía
pero de todos modos esplenden fulgen
siguen reverberando
existen en los ojos de los niños
y desde las grandes vallas comparecen
transforman
aprueban
acompañan

en mi lejano país en cambio
los héroes
que también los hay
no pueden ser nombrados en voz alta
ni abrazados por una bandera
ni siquiera aludidos por el llanto
sencillamente no han sido autorizados
a existir como cadáveres
y menos aún
como cadáveres reverberantes

ah pero ¿quién podrá evitar
que desde su inexpugnable clandestinidad
esos muertos ilegales
conspiren?

Desgarraduras

La desgarradura del intelectual
es un tema que suele desvelar
a intelectuales poco desgarrados
pero de todos modos
hay desgarraduras
                    y desgarraduras
no es lo mismo sentirse desgarrado
entre la clara vocación y el borroso deber
que entre el deber y la comodidad
entre la tortura y el miedo a flaquear
que entre las ganas de flaquear y el laurel

entre la primera y la segunda patria
que entre la patria y el invasor

pero en especial no ha de meterse
en el mismo capítulo ni en el mismo saco
a aquel poeta que se sienta desgarrado
entre la fundación ford
y la agencia central de inteligencia
y aquel otro cuya desgarradura viene
de que su pellejo y no su estilo
ha sido efectivamente desgarrado
por las atroces herramientas
de algún verdugo criollo
adiestrado en albrook o en okinawa.

Lento pero viene

Lento viene el futuro
lento
    pero viene

ahora está más allá
de las nubes ramplonas
y de unas cimas ágiles
que aún no se distinguen
y más allá del trueno
y de la araña

demorándose viene
como una flor porfiada
que vigilara al sol

a lo mejor por eso
la vida cotidiana
prepara bienvenidas
cierra saldos de usura
abre memorias vírgenes

pero él
no tiene prisa
lento
    viene
por fin con su respuesta
su pan para la hambruna
sus magullados ángeles
sus fieles golondrinas

41

lento
pero no lánguido

ni ufano
ni aguafiestas
sencillamente
viene
con su afilada hoja
y su balanza
preguntando ante todo
por los sueños
y luego por las patrias
los recuerdos yacentes
y los recién nacidos

lento
viene el futuro
con sus lunes y marzos
con sus puños y ojeras y propuestas
lento y no obstante raudo
como una estrella pobre
sin nombre todavía

convaleciente y lento
remordido
soberbio
modestísimo
ese experto futuro que inventamos
nosotros
y el azar
cada vez más nosotros
y menos el azar.

Me voy con la lagartija

Me voy con la lagartija
vertiginosa
a recorrer las celdas donde
líber
    raúl
        héctor
            josé luis
jaime
    ester
        gerardo
            el ñato
rita
    mauricio
        flavia
          el viejo
penan por todos
y resisten

voy con la lagartija
popular
vertiginosa
a dejarles aquí y allá
por entre los barrotes
    junto a las cicatrices
    o sobre la cuchara
migas de respeto
silencios de confianza
y gracias porque existen.

43

El paraíso

Los verdugos suelen ser católicos
creen en la santísima trinidad
y martirizan al prójimo como un medio
de combatir al anticristo
pero cuando mueren no van al cielo
porque allí no aceptan asesinos

sus víctimas en cambio son mártires
y hasta podrían ser ángeles o santos
prefieren ser deshechos antes que traicionar
pero tampoco van al cielo
porque no creen que el cielo exista.

Soy un caso perdido

Por fin un crítico sagaz reveló
(ya sabía yo que iban a descubrirlo)
que en mis cuentos soy parcial
y tangencialmente me exhorta
a que asuma la neutralidad
como cualquier intelectual que se respete

creo que tiene razón

soy parcial
de esto no cabe duda
más aún yo diría que un parcial irrescatable
caso perdido en fin
ya que por más esfuerzos que haga
nunca podré llegar a ser neutral

en varios países de este continente
especialistas destacados
han hecho lo posible y lo imposible
por curarme de la parcialidad
por ejemplo en la biblioteca nacional de mi país
        ordenaron el expurgo parcial
        de mis libros parciales
en argentina me dieron cuarenta y ocho horas
        (y si no me mataban) para que me fuera
        con mi parcialidad a cuestas
por último en perú incomunicaron mi parcialidad
        y a mí me deportaron
de haber sido neutral
no habría necesitado
esas terapias intensivas

47

pero qué voy a hacerle
soy parcial
incurablemente parcial
y aunque pueda sonar un poco extraño
totalmente
parcial

ya sé
eso significa que no podré aspirar
a tantísimos honores y reputaciones
          y preces y dignidades
que el mundo reserva para los intelectuales
          que se respeten
es decir para los neutrales
con un agravante
como cada vez hay menos neutrales
las distinciones se reparten
entre poquísimos

después de todo y a partir
de mis confesadas limitaciones
debo reconocer que a esos pocos neutrales
les tengo cierta admiración
o mejor les reservo cierto asombro
ya que en realidad se precisa un temple de acero
para mantenerse neutral ante episodios como
girón
          tlatelolco
                    trelew
                         pando
                              la moneda
es claro que uno
y quizá sea esto lo que quería decirme el crítico
podría ser parcial en la vida privada
y neutral en las bellas letras

digamos indignarse contra pinochet
     durante el insomnio
y escribir cuentos diurnos
     sobre la atlántida

no es mala idea
y claro
tiene la ventaja
de que por un lado
uno tiene conflictos de conciencia
y eso siempre representa
un buen nutrimento para el arte
y por otro no deja flancos para que lo vapulee
la prensa burguesa y/o neutral

no es mala idea
pero
ya me veo descubriendo o imaginando
en el continente sumergido
la existencia de oprimidos y opresores
parciales y neutrales
torturados y verdugos
o sea la misma pelotera
cuba sí yanquis no
de los continentes no sumergidos

de manera que
como parece que no tengo remedio
y estoy definitivamente perdido
para la fructuosa neutralidad
lo más probable es que siga escribiendo
cuentos no neutrales
y poemas y ensayos y canciones y novelas
no neutrales
pero advierto que será así

49

aunque no traten de torturas y cárceles
u otros tópicos que al parecer
resultan insoportables a los neutros

será así aunque traten de mariposas y nubes
y duendes y pescaditos.

Las novedades del horror

Y el ciento
de lo perdido se renueva
en medio de tu sangre, y crece
junto a las novedades del horror.
ELISEO DIEGO

La llaman bomba limpia

los legatarios de theodoro roosevelt

que a menudo reivindican la ducha
como una creación de su inventiva higiénica
ven ahora en la bomba de neutrones
un nuevo aporte a la profilaxis

el reciente modelo es baratísimo y carece
de los inconvenientes de otros medios de asepsia
que en vietnam dejaron cuerpos mutilados
muñones sangrantes y niños en llamas

por lo pronto evita ese cuadro deprimente
entre otras razones porque destruye
a quienes podrían haberse deprimido

así cuando las ciudades neutronizadas
queden vacías de humanidad
es probable que pasen a ocuparlas
hombres cosificados y por tanto inmunes
a toda neutronización

¿se postularán los legatarios
de theodoro roosevelt y de james monroe
para llenar esas vacantes?
¿estarán lo suficientemente cosificados?

una vez que el mundo reciba neutrones
tan regularmente como hoy vitaminas
turistas de oklahoma y wyoming entre otros
serán los gozadores del planeta

también los pocos en fotografiar
el coliseo de roma
el pan de azúcar de río
la torre eiffel
las alturas de machu pichu
la acrópolis ateniense
la sonrisa de la gioconda
y es previsible

que después de cada bomba vayan ocupando
los estadios las pagodas los museos
los cabarets las cárceles los santuarios
las góndolas los faros los obeliscos
la fontana de trevi
las piscinas olímpicas
y las plazas de toros
que a esa altura no tendrán
toros ni toreros
aunque sí banderillas
y estoques
a medida que los neutrones preserven
las moradas del hombre sin el hombre
es posible que el mundo se vaya quedando
sin algunos de los hábitos
que el mismo hombre creaba

ahora bien ¿se resignarán
los vicepresidentes de directorio en vacaciones
a encontrar en la habitación del sheraton de turno
un teléfono blanco a prueba de neutrones
con el que sin embargo no podrán como antes
llamar a la call girl
de suave piel morena ay tan morible?

por otra parte
falta saber qué pasará
si el vaticano es neutronizado

naturalmente quedará incólume la basílica
y también la pietá
aunque no la piedad
y el pobre papa ya no abrirá los brazos
en su viejo ventanal de bendiciones

y si escarbamos más en la conjetura
¿qué pasará con el mismísimo dios?
dios
que no es catedral ni feligrés
es decir ni objeto ni carne perecible
aunque tal vez la suma de uno y otra
¿será respetado o será aniquilado
por la bomba limpísima?
¿perderá o conservará
su maña milagrera?

porque ¿de qué servirá que su célebre hijo
resucite a los lázaros de este siglo
si después del bombazo sólo queda el sudario?

acaso la única beneficiaria de esta higiene
sea en todo caso alguna mujer de lot

que al mudarse en estatua salobre
quede como inútil y ecuánime testigo
de este notable avance de la ciencia.

Veinte años antes[*]

Desde el octavo piso de mi tercer exilio
veo el mar excesivo que me prestan
mercado viejo al norte donde el querosén
se llama luz brillante y al oeste
otro mercado el nuevo adonde llegan
pasos como de hormigas changadoras
y aquí y allá los nuevos colmenares
que las microbrigadas seguirán inventando

inmóvil exigente y memoriosa
la victoria me refiero a la nuestra
se quedó en el futuro
llegaremos a ella todos juntos
pero ahora frente al mar de alamar
pienso en la solidaria terrible dulzura
de este pueblo que sabe arrimar sus amparos
sin pedir cuentas cuando muere eligiendo
sea en vado del yeso o ñancahuazu
en maquela do sombo o en ogaden

antes de este paisaje con centellas
párpados o persianas de aluminio
vine sin calofríos pero helado de muertes
ojos hermanos se cerraron increíbles

---

[*] Este poema es en realidad la respuesta del autor a la pregunta: "¿Qué ha significado para ti la Revolución cubana?", formulada por la revista *Casa de las Américas* a varios escritores y artistas latinoamericanos con motivo del XX aniversario de la Revolución.

hoy están en la noche bien ganada
dando su otra batalla a fantasmazos
mudos o parlanchines usando y abusando
de los silencios y los juramentos

bien quisiera asistir a sus tregüitas
cuando las pupilas se volvían emblemas
juicios a quemarropa   nudos a resolver
anteproyectos para el fin del escarnio

antes de ese dolor con redenciones
hubo también el telón de blasfemias
el evangelio de las amenazas
el enemigo tras la mirilla o no
tras la cortina o no
tras el timbrazo o no
la polaroid o no
o sí
quién sabe
sí o no la monedita al aire
caramiedo cruzcoraje
barrio norte o la paternal

sótano o aeropuerto
amigos cardinales mujeres siempre aroma
abrazando futuro besando adiós

pero antes figuran mi tierra mis terrones
árboles asustados por la pólvora
todo estalla inclusive almacenes y mitos
descreo del frágil corazón y hago cálculos
con la cabeza fría pero la pobre hierve
pueblo con rostro brindis pacto orgullo
como inocente hecho pedazos
también culpable de otro bienvenido universo

la realidad continuación del sueño
y libertad o muerte o suerte oh suerte

todavía antes recuperé la patria
que comejenes de la historia olvidaron
la del compa gervasio solo como un profeta
la del adolescente piantado y fervoroso
que hizo gritar los muros coloniales
y los contemporáneos no faltaba más
la fábrica el cuartel los galpones de fobia
y su alarido blanco como una garza invicta
puso la primavera en el mercado

montevideo esa línea de fuego
a veces era tensa y veloz como bala
otras ondulante como el amor sencillo
y mientras las consignas siempre amenazadas
brotaban rojas como rosas o sangre
y el escuadrón acribillaba a ibero
creyendo así librarse del candor
en el recto horizonte
las toninas rodaban como siempre
el cielo lejanísimo ni pestañeaba
y los caballos blancos de las panaderías
comían el pastito nocturno en las veredas
fueron abriles fueron octubres de violencia
la derrota una opción y qué importaba
marchas de fantasía en calles reales
el solidario abrazo misterioso
pleamar de muchachos
obreros como bosque
pueblos de los rincones y explanadas

y ellos golpeando ciegos sordos mudos
en cráneos y praderas y carátulas

en cojones y úteros   o sea procurando
destrozar el futuro en cada tallo
y el rostro porfiadísimo terquísimo mirando
a mera voluntad a sólo decir no

ah pero antes de ese pampero
anduve a lomo de una isla machete
donde el coraje es fósforo y salitre
la sangre tuvo afluentes y regó los cultivos
y los gallos cantaron para siempre
y cuando el sol tan blanco hoy recorta las palmas
todo el mundo lo sabe pentágono incluido
los choznos de martí son del carajo
aquí hasta los cadáveres se enrolaron colmados
de flores y granadas y mangos y fusiles
y se los ve felices porque nadie
puede volverlos a morir

cómo no aprender de ese alegre rigor
oh generosidad escandalosa
de tantos escolares sembradores
de tantos campesinos posgraduados
de tanta libertad mundial y vecindaria

cómo no contagiarse de un fulgor infalible
en tiempos claramente tenebrosos
y no granjearse fuego   lumbrecita
cómo no sentir ganas de ayudar a reunir
allá abajo a los tantos heridos y contusos
hostigados clandestinos jadeantes
reparables exánimes bravos menesterosos
enteros optimistas y bienaventurados

por eso pienso que mi historia desde antes
esta transformación privada y poca cosa

en verdad empezó en la noticia portátil
nada segura de aquel añito nuevo
hace ya veinte eneros   poco más que un instante
cuando fidel se elevó como un árbol
como una flecha nueva o un misil
un cañón antiaéreo un exorcismo
o una simple cometa roja y negra.

Cotidiana 2

Cuando a uno lo expulsan
a patadas del sueño
el amanecer es siempre una modorra
se emerge de ese ensayo de muerte
todavía sellado por la víspera
si fue de odios   con rezagos de odio
si fue de amor   con primicias de amor

pero el día empieza a convocarnos
y es distinto de todos los demás
tiene otra lluvia otro sol otra brisa
también otras terribles confidencias

así empieza el diálogo con la jornada
la discusión el trueque de rencores
y de pronto el abrazo
porque hay días repletos de soberbia
días que traen mortales enemigos
y otros que son los compinches de siempre
días hermanos que nos marcan la vida

así ocurren sabores
sinsabores
manos que son cadenas
mujeres que son labios
ojos que son paisaje

y cuando al fin lo expulsan
a uno de la vigilia

se emerge de ese ensayo de la vida
con los ojos cerrados
y despacito
como buscando el sueño o la cruz del sur
se entra a tientas en la noche anónima.

BOTELLA AL MAR

Bandoneón

Me jode confesarlo
pero la vida es también un bandoneón
hay quien sostiene que lo toca dios
pero yo estoy seguro de que es troilo
ya que dios apenas toca el arpa
y mal

fuere quien fuere lo cierto es
que nos estira en un solo ademán purísimo
y luego nos reduce de a poco a casi nada
y claro nos arranca confesiones
quejas que son clamores
vértebras de alegría
esperanzas que vuelven
como los hijos pródigos
y sobre todo como los estribillos

me jode confesarlo
porque lo cierto es que hoy en día
pocos
quieren ser tango
la natural tendencia
es a ser rumba o mambo o chachachá
o merengue o bolero o tal vez casino
en último caso valsecito o milonga
pasodoble jamás
pero cuando dios o pichuco o quien sea
toma entre sus manos la vida bandoneón
y le sugiere que llore o regocije

uno siente el tremendo decoro de ser tango
y se deja cantar y ni se acuerda
que allá espera
el estuche.

Suburbia

En el centro de mi vida
en el núcleo capital de mi vida
hay una fuente luminosa un surtidor
que alza convicciones de colores
y es lindo contemplarlas y seguirlas

en el centro de mi vida
en el núcleo capital de mi vida
hay un dolor que palmo a palmo
va ganando su tiempo
y es útil aprender su huella firme

en el centro de mi vida
en el núcleo capital de mi vida
la muerte queda lejos
la calma tiene olor a lluvia
la lluvia tiene olor a tierra

esto me lo contaron porque yo
nunca estoy en el centro de mi vida.

No espanta pájaros

Al espantapájaros no le importa el huerto
más bien lo hastía su obligación gratuita
y además se siente desolado
con su sombrero roto y sus andrajos

al espantapájaros no le importan los pájaros
pero aprecia que alguna mosca candorosa
recorra sus bíceps de madera

en realidad los pájaros se alejan
no porque él los intimide sino
porque viene tormenta
y ésta no es simulacro.

Distancia

Pensar que en un antes neblinoso y remoto
tu adolescencia era cotidiana
y notabas en las yemas de los dedos
las variables superficies de vida
que ahora sentís a veces en las uñas

en aquel breve prólogo del duelo
te recordás empero como un náufrago
que jamás había estado en un navío
o asimismo como un reloj de arena
al que nadie se ocupó de subvertir

pero también te evocás como un presagio
con el que hoy tenés hondas diferencias.

Botella al mar

> *El mar un azar.*
> VICENTE HUIDOBRO

Pongo estos seis versos en mi botella al mar
con el secreto designio de que algún día
llegue a una playa casi desierta
y un niño la encuentre y la destape
y en lugar de versos extraiga piedritas
y socorros y alertas y caracoles.

Rastros

Un país lejano puede estar cerca
puede quedar a la vuelta del pan
pero también puede irse despacito
y hasta borrar sus huellas

en ese caso no hay que rastrearlo
con perros de caza o con radares

la única fórmula aceptable
es excavar en uno mismo
hasta encontrar el mapa.

Tiempo sin tiempo

Preciso tiempo necesito ese tiempo
que otros dejan abandonado
porque les sobra o ya no saben
qué hacer con él

tiempo
en blanco
en rojo
en verde
hasta en castaño oscuro
no me importa el color
cándido tiempo
que yo pueda abrir
y cerrar
como una puerta

tiempo para mirar un árbol un farol
para andar por el filo del descanso
para pensar qué bien hoy no es invierno
para morir un poco
y nacer enseguida
y para darme cuenta
y para darme cuerda
preciso tiempo el necesario para
chapotear unas horas en la vida
y para investigar por qué estoy triste
y acostumbrarme a mi esqueleto antiguo

tiempo para esconderme en el canto de un gallo
y para reaparecer en un relincho

y para estar al día
para estar a la noche
tiempo sin recato y sin reloj

vale decir preciso
o sea necesito
digamos me hace falta
tiempo sin tiempo.

Defensa de la alegría

a trini

Defender la alegría como una trinchera
defenderla del escándalo y la rutina
de la miseria y los miserables
de las ausencias transitorias
y las definitivas

defender la alegría como un principio
defenderla del pasmo y las pesadillas
de los neutrales y de los neutrones
de las dulces infamias
y los graves diagnósticos

defender la alegría como una bandera
defenderla del rayo y la melancolía
de los ingenuos y de los canallas
de la retórica y los paros cardiacos
de las endemias y las academias

defender la alegría como un destino
defenderla del fuego y de los bomberos
de los suicidas y los homicidas
de las vacaciones y del agobio
de la obligación de estar alegres

defender la alegría como una certeza
defenderla del óxido y la roña
de la famosa pátina del tiempo

79

del relente y del oportunismo
de los proxenetas de la risa

defender la alegría como un derecho
defenderla de dios y del invierno
de las mayúsculas y de la muerte
de los apellidos y las lástimas
del azar
      y también de la alegría

Futuro imperfecto

> *El porvenir es un niño desnudo.*
> RAÚL GONZÁLEZ TUÑÓN

De poco sirve arroparlo
y menos
colgarle collares y pronósticos
brindarle metrallas de manga larga
calzarle prejuicios de siete leguas

de poquísimo sirve ponerle
profaces o antifaces
o un delantal de música
menos aún la consabida
bufanda del viento

el futuro es un niño desnudo
y en consecuencia ufano imprevisible
cuando menos lo esperas
te coloca una rosa en la oreja
o te orina inocente la calva

Testamento de miércoles

a Alfredo Gravina
otro de Tacuarembó

Aclaro que éste no es un testamento
de esos que se usan como colofón de vida
es un testamento mucho más sencillo
tan sólo para el fin de la jornada

o sea que lego para mañana jueves
las preocupaciones que me legara el martes
levemente alteradas por dos digestiones
las usuales noticias del cono sur
y una nube de mosquitos casi vampiros

lego mis catorce estornudos del mediodía
una carta a mi mujer en que falta la posdata
el final de una novela que a duras penas leo
las siete sonrisas de cinco muchachas
ya que hubo una que me brindó tres
y el ceño fruncido de un señor
que no conozco ni aspiro a conocer

lego un colorido ajedrez moscovita
una computadora japonesa sin pilas
y la buena radio en que está sonando
el español grisáceo de la bibicí
ah la olivetti y el cepillo de dientes
no los lego porsiaca
lego tropos y metáforas de uso privado
que modestamente acuñé en la tarde
por ejemplo el astillero en que reparo mis sueños

83

el pájaro aleatorio que surge del crepúsculo
la cortina de lluvia que miro y no descorro

lego un remordimiento porque es aleccionante
y un poco de tristeza porque es inevitable
también mi soledad con la ilusión
de que el jueves resuelva no admitirla
y me sancione con presencias varias

lego los crujidos de mis viejas bisagras
también una tajada de mi sombra
no toda porque un hombre sin su sombra
no merece el respeto de la gente

lego el pescuezo recién lavado
como para un jueves de guillotina
una maceta con hierbabuena
y otra con un boniato que me hastía
ya que esta cargante convolvulácea
me está invadiendo el cuarto con sus hojas

lego los suburbios de una idea
un tríptico de espejos que me agrede
el mar allá al alcance de la mano
mis cóleras por orden alfabético
y un breve y curioso estado de ánimo
que todavía no sé si es inocencia
o estupidez malsana
o alegría

sólo ahora lo advierto
en paredes y anaqueles y venas
en glándulas y techos y optimismos
me quedan tantas cosas por legar
que mejor las incluyo

en otro testamento
digamos
el del viernes.

País inocente

Cerco un paese
innocente.
Giuseppe Ungaretti

Unos como invasores
otros como invadidos
¿qué país
no ha perdido la inocencia?
pero además
¿de qué sirve un país inocente?
¿qué importancia tienen
las fronteras pusilánimes
las provincias de la ingenuidad?

sólo los países
que pierdan su candor
podrán reconocer al enemigo

así es que no reclamo
un país inocente
en todo caso busco
un extraño país
capaz de declararse
culpable
        de inocencia.

In fraganti

Te doy la cana
                    mundo
cuando girás eterno

nosotros temerarios
afinamos la sombra
gastamos el dolor
sujetamos el cielo

y vos girás
                    eterno

nosotros insolentes
zurcimos las heridas
y de los arrabales
vamos haciendo centros

y vos girás
                    eterno

distintos o igualitos
pagamos el rescate
y amamos en desorden
ni flojos ni soberbios

y vos girás
                    eterno

mientras nos desvivimos
o nos soñamos vivos

te doy la cana
                    mundo
te quito el mito
                    abuelo

así como al descuido
vas dejando pedazos
pedacitos de muerte
cuando girás
                    eterno.

Cotidiana 3

> *nuestras vidas son los ríos*
> *que van a dar a la vida.*
> Ernesto Cardenal

Esta cotidiana no se apoya en ninguna mutación
               [trascendente
hoy es tan sólo un viernes de poca monta
sin noticias o trazos demasiado malos
ni tampoco demasiado buenos
funcionan normalmente las endócrinas y los
               [semáforos
las pompas fúnebres y las de jabón
unos llegan berreando otros parten silentes
otros más se aprontan a llegar o a partir
en líneas generales el pronóstico del tiempo
acierta por fin con las turbonadas
y es justo subrayar que hoy ha logrado
truenos corroborantes
esta cotidiana es tan sólo costumbre
apenas un viernes de pobre vestimenta
pero aquí se levantan las casas del hombre
a veces existen con un ruido infernal
y otras veces duermen en silencio amoroso
sólo interrumpido por crujiditos
que pueden ser jadeos conyugales
o también calambres de la madera
sin embargo allí crecen el trabajo y la muerte
el vientre rebosante de futuro
y el viejo que no puede con sus huesos

entran por las persianas tataguas y mosquitos
y hay un latido general que es la vida
sólo rutina y sin embargo
las manos besan
los ojos palpan
los labios ven
nosotros
es decir nuestros otros
venimos
vienen
a explorar la memoria milagrosa y austera
no hay tiempo que perder
más bien hay mucho tiempo que ganar
mientras atisbo con audacia y cautela
por entre mis dedos más o menos fogueados
y veo que entre vestigios tristes y rutinarios
nacen flores de rutinario regocijo
tan sólo hábito y querencia
el enjambre adolescente se encamina a sus clásicos
                              [manantiales
pero antes de llegar se cruza con los veteranos
                              [que regresan
y los árboles ya no saben qué hacer con las
                              [preguntas
tan sólo práctica y costumbre
y de vez en cuando un salto de prodigio
en el que algunos se desnucan y otros cambian
                              [el mundo
y con las nucas rotas y las glorias que alumbran
con mártires de un día y visionarios de medio
                              [siglo
se va armando la historia como un sueño portátil
la rutina es después de todo una crisálida
una comarca de posibilidades e imposibles
de la costumbre puede estallar lo insólito

del hábito el deshábito
por eso este viernes de opaca textura
es casi un campamento de recuerdos
un filtro de presagios
uno de los confines del futuro
tallo ritual de lo ordinario
y también bulbo de lo extraordinario
sabemos algo de lo que está muriendo
pero muy poco de lo que empieza a ser
este viernes turbio durante el cual se gestan
sórdidas guerras frías y escaramuzas ígneas
mientras el consumismo se dedica a llenar
nuestras necesidades más innecesarias
el lujo escupe dádivas sobre la miseria
y a veces la miseria escupe metralla
esta jornada sin toque de campanas
sin titulares a ocho columnas
ni aguaceros radioactivos
sin naufragios ideológicos
ni exorcismos generacionales
lleva en sí misma el triunfo y el desastre
y la infinitesimal responsabilidad que nos toca
de una disyuntiva a nivel de universo
resulta sin embargo abrumadora
así de esta rutina vulnerable
de esta costumbre de inclemencia y cielo
de este hábito propenso a la aventura
de esta querencia con señales de humo
debemos elegir o tan sólo inventar
un largo paso desacostumbrado
una limpia e intrépida zancada
una rampa que no lleve al abismo
un envión que tumbe las derrotas
un trampolín que nos lance a mañana
aunque allí nos espere otra ruina

93

otra vida común
otra crisálida.

DESMITIFIQUEMOS
LA VÍA LÁCTEA

a efraín huerta,
desmitificador

Cronoterapia bilingüe

Si un muchacho lee mis poemas
me siento joven por un rato

en cambio cuando es
una muchacha quien los lee
quisiera que el tictac
se convirtiera en un tactic
o mejor dicho en *une tactique*.

Disidentes

Los abruptos
pueden ser violentos
tozudos
y hasta sectarios
pero los
exabruptos
son siempre
resentidos.

Cálculo de probabilidades

Cada vez que un dueño de la tierra
proclama
        para quitarme este patrimonio
        tendrán que pasar
        sobre mi cadáver
debería tener en cuenta
que a veces
pasan.

Nuevo canal interoceánico

Te propongo construir
un nuevo canal
sin esclusas
ni excusas
que comunique por fin
tu mirada
atlántica
con mi natural
pacífico.

Contraofensiva

Si a uno
le dan
palos de ciego
la única
respuesta eficaz
es dar
palos
de vidente.

Síndrome

Todavía tengo casi todos mis dientes
casi todos mis cabellos y poquísimas canas
puedo hacer y deshacer el amor
trepar una escalera de dos en dos
y correr cuarenta metros detrás del ómnibus
o sea que no debería sentirme viejo
pero el grave problema es que antes
no me fijaba en estos detalles.

Comparanza

Esa rata enorme repugnante y untuosa
que corre despavorida o abandonada
prodigiosamente sola entre desechos
buscadora aterrada de su pobre pitanza
cuyo menester faena misión última
es procrear y sobrevivir

si pudiera detenerse un segundo
y mirar el contorno de su pánico
¿qué pensaría del homo sapiens
cuando corre despavorido o abandonado
prodigiosamente solo entre desechos
buscador aterrado de su pobre pitanza
cuyo menester faena misión última
es procrear y sobrevivir?

pero aclaremos
no se intenta aquí denigrar al hombre
ni mucho menos es ésta una autocrítica
más bien se trata de romper una lanza
por el asqueroso mamífero roedor
en nombre de una rama (disidente)
de la sociedad protectora de animales.

Ahora todo está claro

Cuando el presidente carter
se preocupa tanto
por los derechos
                    humanos
parece evidente que en ese caso
derecho
no significa facultad
o atributo
o libre albedrío
sino diestro
o antizurdo
o flanco opuesto al corazón
lado derecho en fin

en consecuencia
¿no sería hora
de que iniciáramos
una amplia campaña internacional
por los izquierdos
                    humanos?

Semántica práctica

Sabemos que el alma como principio de la vida
es una caduca concepción religiosa e idealista
pero que en cambio tiene vigencia en su acepción
[segunda
o sea hueco del cañón de las armas de fuego

hay que reconocer empero que el lenguaje popular
        no está rigurosamente al día
y que cuando el mismo estudiante que leyó en
                [konstantinov
        que la idea del alma es fantástica e ingenua
besa los labios ingenuos y fantásticos de la
                        [compañerita
        que no conoce la acepción segunda

y a pesar de ello le dice te quiero con toda el alma
es obvio que no intenta sugerir que la quiere
        con todo el hueco del cañón.

Desmitifiquemos la Vía Láctea

Tampoco hay que hacer un mito de la vía láctea
faja blanquecina dice el larousse
debida a multitud innumerable (sic) de estrellas

después de todo es un techo interior
todo lo vistoso que se quiera
aunque en definitiva un poco empalagoso
hay quienes la llaman camino de santiago
y los que miran fanáticamente el asfalto
ni siquiera se han enterado de que existe

a veces parece una burda imitación
de un planetario de provincia
quizá sea una merced del hemisferio austral
pero a esta altura no vamos a estimular mercedes

además si uno la mira con detenimiento
puede llegar a sentir vértigo o tortícolis
o un deseo inexplicable de levantar vuelo

no hay que hacer un mito de la vía láctea

ahora bien
ya que la he desmitificado a fondo
¿puedo volver a echarla de menos?

Cardinales

Al norte
las colinas de la ira
al sur
el cráter de la esperanza
al este
la meseta de la melancolía
al oeste
la bahía del sosiego

de más está decir
que a esto le falta mucho
para ser
la rosa
          de los vientos.

El soneto de rigor

Las rosas están insoportables en el florero.
JAIME SABINES

Tal vez haya un rigor para encontrarte
el corazón de rosa rigurosa
ya que hablando en rigor no es poca cosa
que tu rigor de rosa no te harte.

Rosa que estás aquí o en cualquier parte
con tu rigor de pétalos, qué sosa
es tu fórmula intacta, tan hermosa
que ya es de rigor desprestigiarte.

Así que abandonándote en tus ramos
o dejándote al borde del camino
aplicarte el rigor es lo mejor,

y el rigor no permite que te hagamos
liras ni odas cual floreros, sino
apenas el soneto de rigor.

¿Qué hacer?

¿Qué se hace a la hora de morir?
Rosario Castellanos

Luego del próximo reccdo
tal vez convenga irlo pensando

sé de un viejo compatriota
terrateniente él
que en su colchón de muerte
miró uno por uno
a sus llorosos herederos
dijo
     ah farsantes
                 y a continuación
crepó como un bendito

es claro que para ese gesto
los latifundios son indispensables

yo digo que más vale improvisar

porque si uno programa decir algo pujante
y después solloza como un perro apaleado

o si se propone soltar un llanto digno
y luego canturrea como un orate

o si planifica extender la mano abierta
y después es un puño y no queda claro
si es por tacaño o por comunista

puede ser tildado
de inconsecuente o frívolo

y ésa no es buena lápida
qué va a ser.

Cotidiana 4

En esta cotidiana me falta el otoño
        con su instalada transparencia
aquel sol amarillo que rodeaba los pinos
        y hacía prestigiosa su inmovilidad
un cierto aroma a avenidas copadas
        por hojas secas y puestos de uva
y también a muchachas que exhumaban sus prendas
        de lana y naftalina

me falta el magro invierno
        con su desorden y su austeridad
las ráfagas de lluvia casi horizontales
        que humedecen los tímpanos
o las mañanas con el chispeante viento
        de la costa ceniza
que encrespa las hilachas y las tentaciones
        y desmantela la inocencia

la primavera echo de menos
        con sus nacientes telones verdes
el desenlace de la hipocondría
        y el comienzo de la calle de todos
el paisaje que se creyó olvidado
        y que de pronto va emergiendo del mar
y esa luz extraña que se instala en los patios
        junto a la madreselva y en el corazón

ahora tengo un verano de doce meses
        digamos seis de lluvia y seis de seca

con un sol blanco que todo lo germina
y bajo el cual crece la palma como
la revolución y viceversa
y el calor viene desde el pasado
y sin tomarse ni un respiro
se proyecta hacia el porvenir

pero así y todo echo de menos
mi pleno estío de tres meses
no es lo mismo el calor tras el calor
que el calor que viene después del frío
de ahí que rescate las olas necesarias
para abrazar las rocas de aquella siesta
y la gaviota que me daba un aviso
que entonces no entendí y que seguramente
me hubiera convenido entender.

RETRATOS Y CANCIONES

Mariano

Enhorabuena
como quien dice barrio y universo
o etrusco y habanero
u optimismos en rústica
que saben el color de sus razones

tus gallos satisfechos de vivir
nunca cantan adioses sino bienvenidas
se burlan de los aviones y las águilas
pero sobre todo de las mariposas y las brujas

con tu poco de chagall y tu mucho de gulliver
en el país de las piñas gigantes
la vida pasa respira predica
en las grupas frutales
en tu amor como árbol

desde antes hubo gente
y hubo tantas muchachas
en tu verde de luces pero ahora
las masas son tu diafragma de audacia
la flor se te hizo pueblo para siempre
la revolución va exprimiendo tus frutas
con destino a la sed comunitaria.

A Roque

Llegaste temprano al buen humor
al amor cantado
al amor decantado

llegaste temprano
al ron fraterno
a las revoluciones

cada vez que te arrancaban del mundo
no había calabozo que te viniera bien
asomabas el alma por entre los barrotes
y no bien los barrotes se aflojaban turbados
aprovechabas para librar el cuerpo

usabas la metáfora ganzúa
para abrir los cerrojos y los odios
con la urgencia inconsolable de quien quiere
regresar al asombro de los libres
le tenías ojeriza a lo prohibido
a las desgarraduras para ínfula y orquesta
al dedo admonitorio de algún colega exento
algún apócrifo buen samaritano
que desde europa te quería enseñar
a ser un buen latinoamericano

le tenías ojeriza a la pureza
porque sabías cómo somos de impuros
cómo mezclamos sueños y vigilia
cómo nos pesan la razón y el riesgo
por suerte eras impuro

129

evadido de cárceles y cepos
no de responsabilidades y otros goces
impuro como un poeta
que eso eras
además de tantas otras cosas

ahora recorro tramo a tramo
nuestros muchos acuerdos
y también nuestros pocos desacuerdos
y siento que nos quedan diálogos inconclusos
recíprocas preguntas nunca dichas
malentendidos y bienentendidos
que no podremos barajar de nuevo
pero todo vuelve a adquirir su sentido
si recuerdo tus ojos de muchacho
que eran casi un abrazo casi un dogma

el hecho es que llegaste
temprano al buen humor
al amor cantado
al amor decantado
al ron fraterno
a las revoluciones
pero sobre todo llegaste temprano
demasiado temprano
a una muerte que no era la tuya
y que a esta altura no sabrá qué hacer
con
     tanta
        vida.

Rodolfo convirtió la realidad

Rodolfo convirtió la realidad en su obra maestra
asedió las respuestas con preguntas durísimas
tuvo una enojosa obsesión por la verdad
cómo no iban a odiarlo si sabían que sabía
maltrecho o pertrecho con su cara de insomnio
sus ojos pálidos de testigo
sus opiniones de pedernal
su seriedad de clown en día de asueto

rodolfo convirtió la realidad en su obra maestra
averiguó hasta llegar al máximo rigor de la tristeza
se desprendió de los pretextos como de hollejos
se puso el riesgo con la mejor de sus sencilleces
desde la rabia invadió la esperanza
y bregó hasta que le secuestraron la noticia
pero tenía otras culpas todas sin atenuantes
cómo no iban a odiarlo si le mataron a la hija

rodolfo convirtió la realidad en su obra maestra
uno podía abrirla en cualquier tiroteo
y salían volando inocencias fervores
paces y guerras extraños ciudadanos
que se sabían comprendidos a la exacta medida
de su justicia visceral modestísima
cómo no iban a odiarlo si era justo
y no tuvo vergüenza de saberlo.

José Martí Pregonero

Tu nombre es como el crisol
donde se funde la hazaña
tu nombre es como la caña
que endulza con lluvia y sol

de su destino naciente
sólo tu pueblo es el dueño
cual figuraba en tu sueño
por fin es libre tu gente

josé martí pregonero
no moriste en tu pregón
tus versos viven y son
pregones de un pueblo entero

tu isla exporta el verano
y hay flamboyán y justicia
la buena tierra nutricia
da frutos para el cubano

tu nombre es como el crisol
donde se funde la hazaña
tu nombre es como la caña
que endulza con lluvia y sol

tan sobrio y tan desbordante
tan bueno y tan orgulloso
tan firme y tan generoso
tan pequeño y tan gigante

tan profundamente isleño
tan claramente cubano
tan latinoamericano
en tu suelo y en tu sueño

siempre nos tienes despiertos
con tu constante mirada
con tu suerte despejada
y tu fe de ojos abiertos

    tu nombre es como el crisol
    donde se funde la hazaña
    tu nombre es como la caña
    que endulza con lluvia y sol.

Por qué cantamos

Si cada hora viene con su muerte
si el tiempo es una cueva de ladrones
los aires ya no son los buenos aires
la vida es nada más que un blanco móvil

usted preguntará por qué cantamos

si nuestros bravos quedan sin abrazo
la patria se nos muere de tristeza
y el corazón del hombre se hace añicos
antes aun que explote la vergüenza

usted preguntará por qué cantamos

si estamos lejos como un horizonte
si allá quedaron árboles y cielo
si cada noche es siempre alguna ausencia
y cada despertar un desencuentro
usted preguntará por qué cantamos

cantamos porque el río está sonando
y cuando suena el río / suena el río
cantamos porque el cruel no tiene nombre
y en cambio tiene nombre su destino

cantamos por el niño y porque todo
y porque algún futuro y porque el pueblo
cantamos porque los sobrevivientes
y nuestros muertos quieren que cantemos

cantamos porque el grito no es bastante
y no es bastante el llanto ni la bronca
cantamos porque creemos en la gente
y porque venceremos la derrota

cantamos porque el sol nos reconoce
y porque el campo huele a primavera
y porque en este tallo en aquel fruto
cada pregunta tiene su respuesta

cantamos porque llueve sobre el surco
y somos militantes de la vida
y porque no podemos ni queremos
dejar que la canción se haga ceniza.

Cotidiana 5

Hay un día en que se nace
a la gloria y a la suerte
a la suerte y a la muerte
hay un día en que se nace

y en penumbra tan temprana
que no duele ni se nombra
la luz muere con la sombra
de la vida cotidiana

hay un sol que da sentido
a la gloria y a la suerte
a la suerte y a la muerte
hay un sol que da sentido

y en mitad de la mañana
abre rumbos y salidas
en las idas y venidas
de la vida cotidiana

hay un cielo que responde
a la gloria y a la suerte
a la suerte y a la muerte
hay un cielo que responde

y en la calma soberana
de un solemne mediodía
junta penas y alegría
de la vida cotidiana

hay un sueño que se acerca
a la gloria y a la suerte
a la suerte y a la muerte
hay un sueño que se acerca

y en la siesta y resolana
ponen lágrimas y besos
los convictos y confesos
de la vida cotidiana

hay crepúsculos que invocan
a la gloria y a la suerte
a la suerte y a la muerte
hay crepúsculos que invocan

y en la cumbre más lejana
el sol muere como un toro
con la sangre y con el oro
de la vida cotidiana

siempre hay una causa digna
de la gloria y de la suerte
de la suerte y de la muerte
siempre hay una causa digna

pero no es la lucha vana
de quien busca satanases
en las guerras y en las paces
de la vida cotidiana

hay por último un letargo
de la gloria y de la suerte
de la suerte y de la muerte
hay todo eso y sin embargo

en la noche veterana
el amor que es buena gente
va dejando la simiente
de otra vida cotidiana.

Cotidianas (1978-1979) terminó de imprimirse en noviembre de 1999, en Litográfica Ingramex, S.A. de C.V. Centeno 162, Col. Granjas Esmeralda, C. P. 09810, México, D.F. Composición tipográfica: Patricia Pérez Ramírez. Cuidado de la edición: Marisol Schulz, José Luis Perdomo Orellana y Rodrigo Fernández de Gortari.